AF221984

Impressum
Verlag: BABADADA GmbH, Nedderfeld 112 , 22529 Hamburg
Geschäftsführer / Verlagsleitung: Harald Hof
Druck: Books on Demand GmbH, In de Tarpen 42, 22848 Norderstedt

Imprint
Publisher: BABADADA GmbH, Nedderfeld 112 , 22529 Hamburg, Germany
Managing Director / Publishing direction: Harald Hof
Print: Books on Demand GmbH, In de Tarpen 42, 22848 Norderstedt, Germany

škola

skola

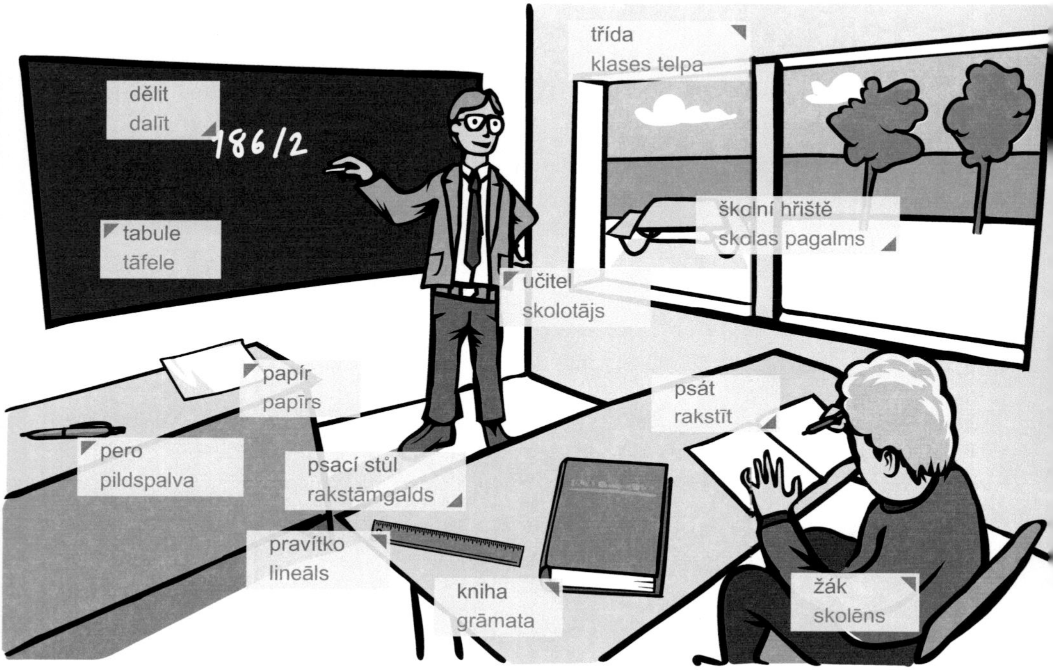

dělit
dalīt
186/2
třída
klases telpa
tabule
tāfele
školní hřiště
skolas pagalms
učitel
skolotājs
papír
papīrs
psát
rakstīt
pero
pildspalva
psací stůl
rakstāmgalds
pravítko
lineāls
kniha
grāmata
žák
skolēns

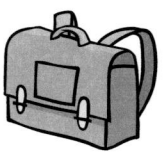

aktovka

skolas soma

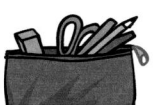

penál

penālis

tužka

zīmulis

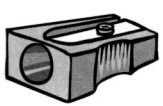

ořezávátko

zīmuļu asināmais

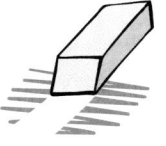

guma

dzēšgumija

blok na kreslení

zīmēšanas bloks

výkres

zīmējums

štětec

ota

malířské potřeby

krāsas

nůžky

šķēres

lepidlo

līme

cvičebnice

darba burtnīca

domácí úkol

mājas darbs

počet

skaitlis

sčítat

saskaitīt

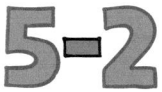

odčítat

atņemt

násobit

reizināt

počítat

rēķināt

písmeno

burts

abeceda

alfabēts

slovo

vārds

text

teksts

číst

lasīt

křída

krīts

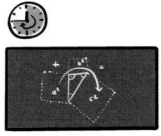

hodina

mācību stunda

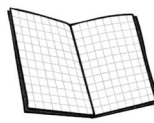

třídní kniha

žurnāls

zkouška

eksāmens

vysvědčení

liecība

školní uniforma

skolas forma

vzdělání

izglītība

encyklopedie

enciklopēdija

univerzita

universitāte

mikroskop

mikroskops

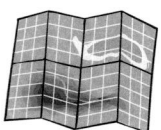

karta

karte

odpadkový koš na papír

papīrgrozs

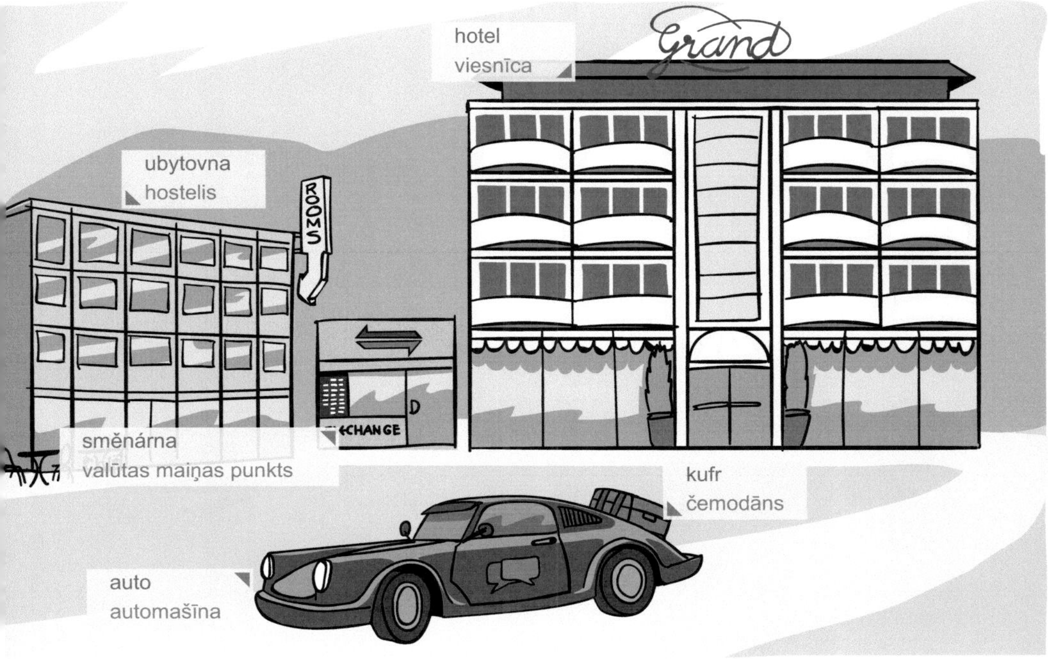

hotel
viesnīca
Grand
ubytovna
hostelis
ROOMS
EXCHANGE
směnárna
valūtas maiņas punkts
kufr
čemodāns
auto
automašīna

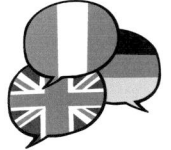

jazyk
Valoda

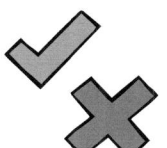

ano / ne
jā / nē

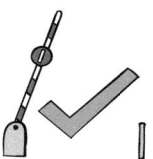

oukej
Okay

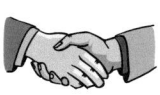

Ahoj!
Sveiki!

překladatel
tulks

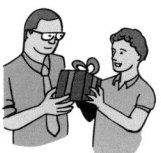

děkuji
paldies

Kolik stojí...?

Cik maksā...?

nerozumím

Es nesaprotu

problém

problēma

Dobrý večer!

Labvakar!

Dobré ráno!

Labrīt!

Dobrou noc!

Ar labu nakti!

na shledanou

Uz redzēšanos

směr

virziens

zavazadlo

bagāža

taška

soma

batoh

mugursoma

host

viesis

pokoj

istaba

spací pytel

guļammaiss

stan

telts

turistické informace
tūrisma informācija

pláž
pludmale

kreditní karta
kredītkarte

snídaně
brokastis

oběd
pusdienas

večeře
vakariņas

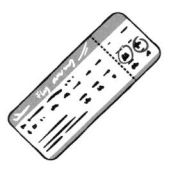

jízdenka
biļete

výtah
lifts

poštovní známka
pastmarka

hranice
robeža

clo
muita

poselství
vēstniecība

vízum
vīza

pas
pase

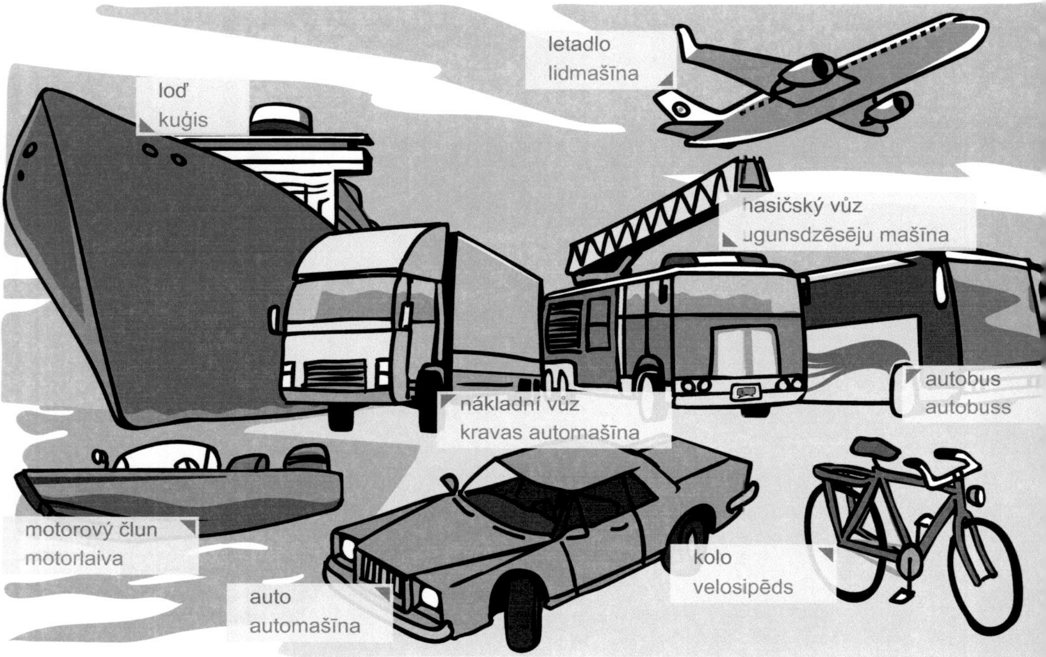

letadlo
lidmašīna

loď
kuģis

hasičský vůz
ugunsdzēsēju mašīna

autobus
autobuss

nákladní vůz
kravas automašīna

motorový člun
motorlaiva

kolo
velosipēds

auto
automašīna

přívoz

člun

motorka

prāmis

laiva

motocikls

policejní auto

závodní auto

pronajaté auto

policijas automašīna

sacīkšu automobilis

nomas auto

sdílení aut

auto koplietošana

odtahová služba

evakuators

popelářský vůz

atkritumu mašīna

motor

dzinējs

palivo

benzīns

čerpací stanice

degvielas uzpildes stacija

dopravní značka

ceļa zīme

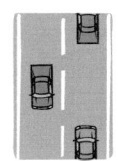

doprava

satiksme

dopravní zácpa

sastrēgums

parkoviště

stāvvieta

vlakové nádraží

dzelzceļa stacija

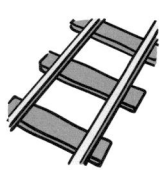

koleje

sliedes

vlak

vilciens

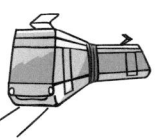

tramvaj

tramvajs

vagón

vagons

helikoptéra
helikopters

letiště
lidosta

věž
tornis

pasažér
pasažieris

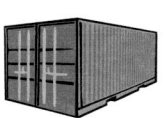

kontejner
konteiners

kartón
kaste

trakař
ratiņi

koš
grozs

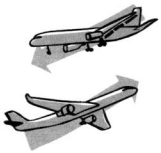

vzlétnout / přistát
pacelties / nosēsties

město
pilsēta

vesnice
ciems

střed města
pilsētas centrs

dům
māja

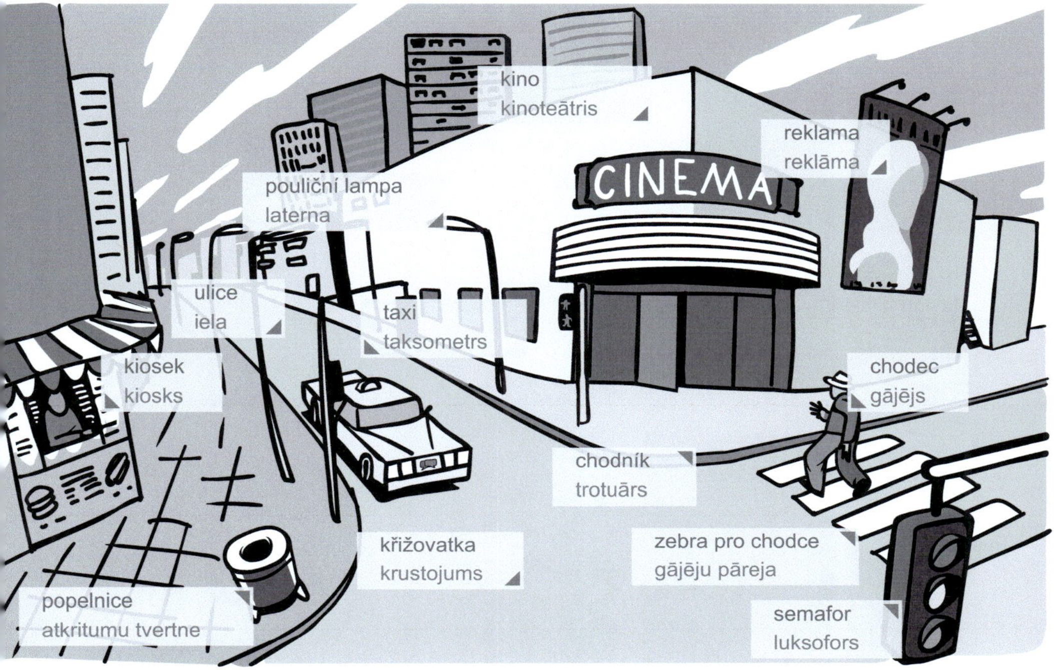

kino
kinoteātris

reklama
reklāma

pouliční lampa
laterna

CINEMA

ulice
iela

taxi
taksometrs

chodec
gājējs

kiosek
kiosks

chodník
trotuārs

křižovatka
krustojums

zebra pro chodce
gājēju pāreja

popelnice
atkritumu tvertne

semafor
luksofors

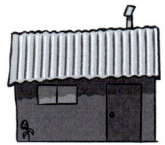

chata
būda

byt
dzīvoklis

vlakové nádraží
dzelzceļa stacija

radnice
rātsnams

muzeum
muzejs

škola
skola

univerzita

universitāte

banka

banka

nemocnice

slimnīca

hotel

viesnīca

lékárna

aptieka

kancelář

birojs

knihkupectví

grāmatnīca

obchod

veikals

květinářství

ziedu veikals

supermarket

lielveikals

tržnice

tirgus

obchodní dům

tirdzniecības centrs

rybárna

zivju tirgotājs

nákupní centrum

tirdzniecības centrs

přístav

osta

park

parks

lavička

sols

most

tilts

schody

kāpnes

metro

metro

tunel

tunelis

autobusová zastávka

autobusa pieturvieta

bar

bārs

restaurace

restorāns

poštovní schránka

pastkastīte

pouliční tabule

ielas nosaukuma plāksne

parkovací hodiny

stāvlaika skaitītājs

zoo

zooloģiskais dārzs

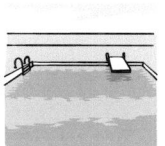

plovárna

peldbaseins

mešita

mošeja

usedlost
zemnieku saimniecība

znečišťování životního
prostředí
vides piesārņojums

hřbitov
kapsēta

církev
baznīca

hřiště
spēļu laukums

chrám
templis

krajina
ainava

list
lapa

rozcestník
ceļrādis

cesta
ceļš

louka
pļava

kámen
akmens

strom
koks

turista
ceļotājs

řeka
upe

tráva
zāle

květina
puķe

údolí
ieleja

hora
kalns

jezero
ezers

les
mežs

poušť
tuksnesis

sopka
vulkāns

zámek
pils

duha
varavīksne

houba
sēne

palma
palma

komár
moskīts

moucha
muša

mravenec
skudra

včela
bite

pavouk
zirneklis

brouk

vabole

žába

varde

veverka

vāvere

ježek

ezis

zajíc

zaķis

sova

pūce

pták

putns

labuť

gulbis

divoké prase

meža cūka

jelen

briedis

los

alnis

přehrada

aizsprosts

větrné kolo

vēja ģenerators

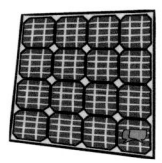

solární panel

saules baterija

podnebí

klimats

restaurace

restorāns

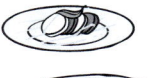

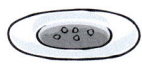

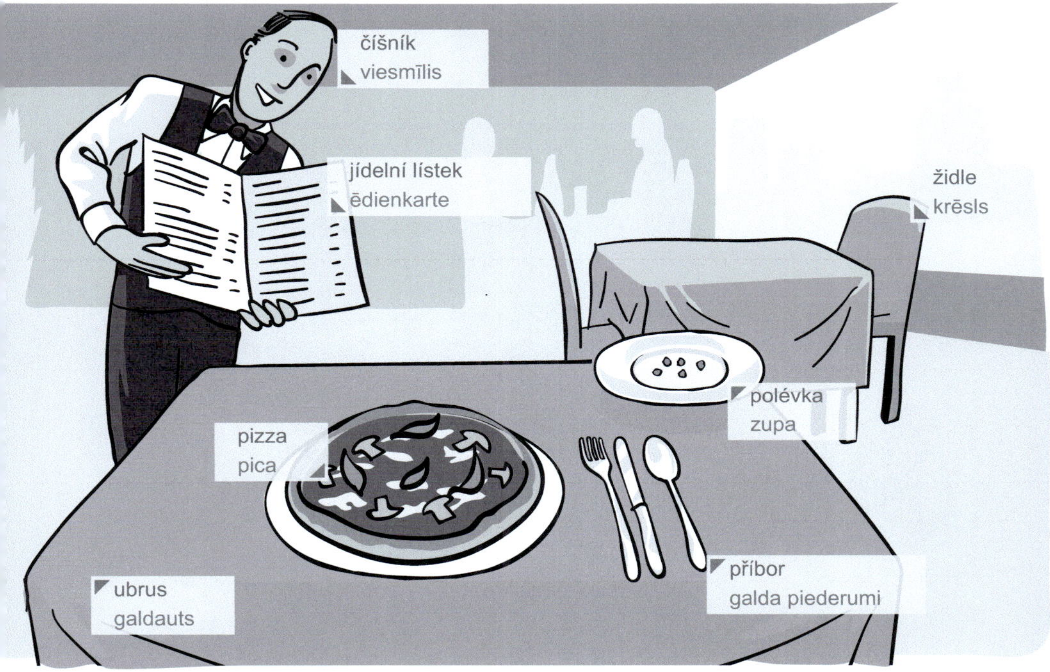
číšník
viesmīlis
jídelní lístek
ēdienkarte
židle
krēsls
polévka
zupa
pizza
pica
příbor
galda piederumi
ubrus
galdauts

předkrm

uzkoda

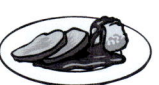

hlavní chod

pamatēdiens

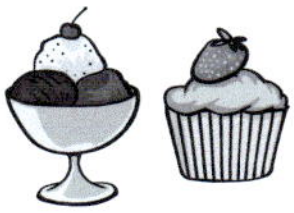

dezert

deserts

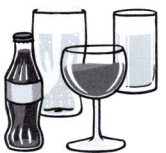

nápoje

dzērieni

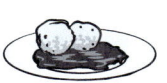

jídlo

ēdiens

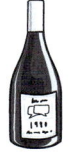

láhev

pudele

rychlé občerstvení

ātrās uzkodas

pouliční občerstvení

ielu uzkodas

čajová konvice

tējkanna

cukřenka

cukurtrauks

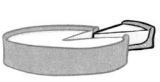

porce

porcija

kávovar na espresso

espresso kafijas automāts

dětská stolička

bāra krēsls

faktura

rēķins

tác

paplāte

nůž

nazis

vidlička

dakša

lžíce

karote

čajová lyžička

tējkarote

ubrousek

salvete

sklenička

glāze

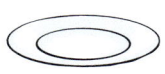

talíř

škīvis

talíř na polévku

zupas škīvis

podšálek

apakštase

omáčka

mērce

slánka

sāls trauciņš

mlýnek na pepř

piparu dzirnaviņas

ocet

etiķis

olej

eļļa

koření

garšvielas

kečup

kečups

hořčice

sinepes

majonéza

majonēze

supermarket
lielveikals

nabídka
piedāvājums
FOR
zákazník
klients
mléčné výrobky
piena produkti
ovoce
augļi
nákupní vozík
iepirkumu ratiņi

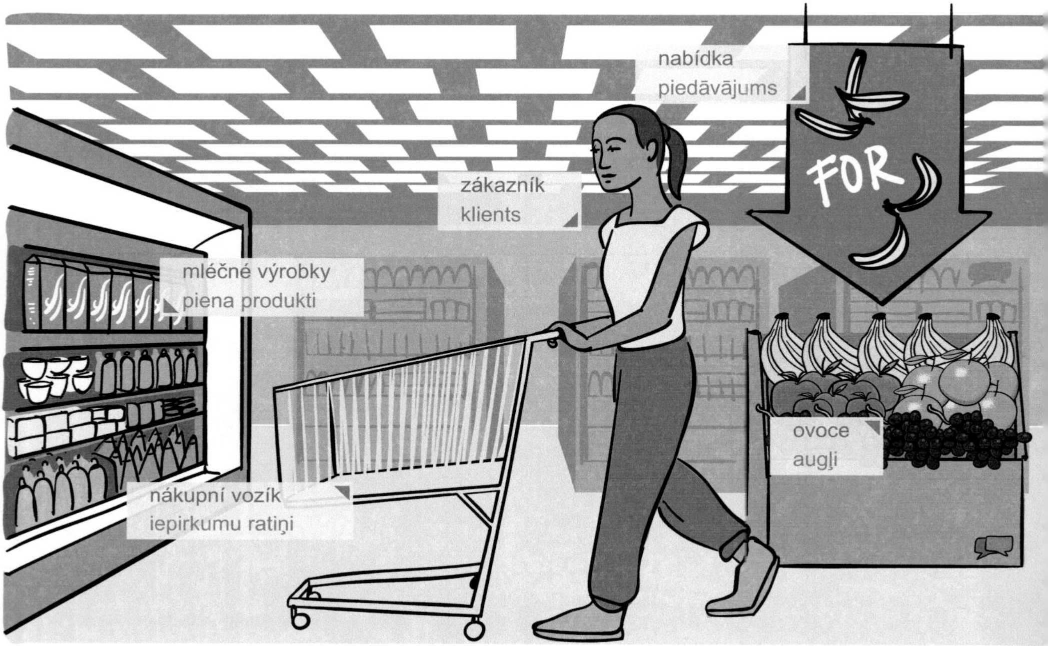

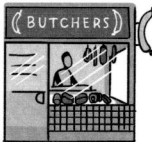

BUTCHERS

masna

kautuve

BAKERY

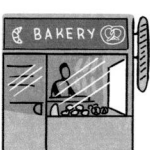

pekařství

maizes veikals

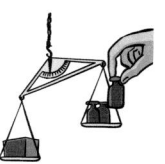

vážit

svērt

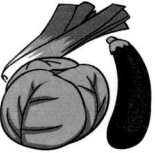

zelenina

dārzeņi

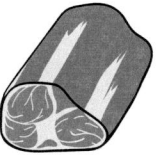

maso

gaļa

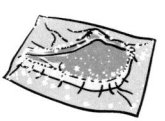

mražené potraviny

saldēti produkti

obložený talíř

aukstās gaļas uzkodas

konzervy

konservi

prací prášek

pulveris

cukrovinky

saldumi

výrobky pro domácnost

mājsaimniecības preces

čisticí prostředek

tīrīšanas līdzeklis

prodavačka

pārdevēja

pokladna

kase

pokladní

kasieris

nákupní seznam

iepirkumu saraksts

otevírací doba

darba laiks

peněženka

maks

kreditní karta

kredītkarte

taška

soma

igelitová taška

maisiņš

supermarket - lielveikals

nápoje
dzērieni

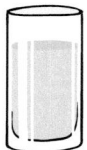

voda

ūdens

džus

sula

mléko

piens

kola

kola

víno

vīns

pivo

alus

alkohol

alkohols

kakao

kakao

čaj

tēja

káva

kafija

espresso

espresso

kapučíno

kapučīno

banán

banāns

jablko

ābols

pomeranč

apelsīns

meloun

melone

citrón

citrons

mrkev

burkāns

česnek

ķiploks

bambus

bambuss

cibule

sīpols

houba

sēne

ořechy

rieksti

těstoviny

makaroni

špageti

spageti

rýže

rīsi

salát

salāti

hranolky

frī kartupeļi

americké brambory

cepti kartupeļi

pizza

pica

hamburger

hamburgers

sendvič

sviestmaize

řízek

šnicele

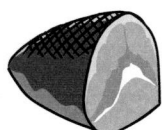

šunka

šķiņķis

salám

salami

salám

desa

kuře

vista

pečeně

cepetis

ryby

zivs

ovesné vločky

auzu pārslas

müsli

muslis

vločky

brokastu pārslas

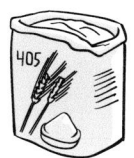

mouka

milti

croissant

radziņš

houska

brokastu maizītes

chléb

maize

toast

tostermaize

sušenky

cepumi

máslo

sviests

tvaroh

biezpiens

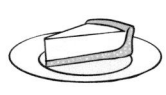

buchta

kūka

vejce

ola

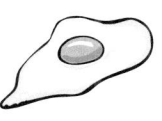

volské oko

cepta ola

sýr

siers

zmrzlina

saldējums

cukr

cukurs

med

medus

marmeláda

marmelāde

nugátový krém

riekstu krēms

kari

karijs

usedlost
zemnieku saimniecība

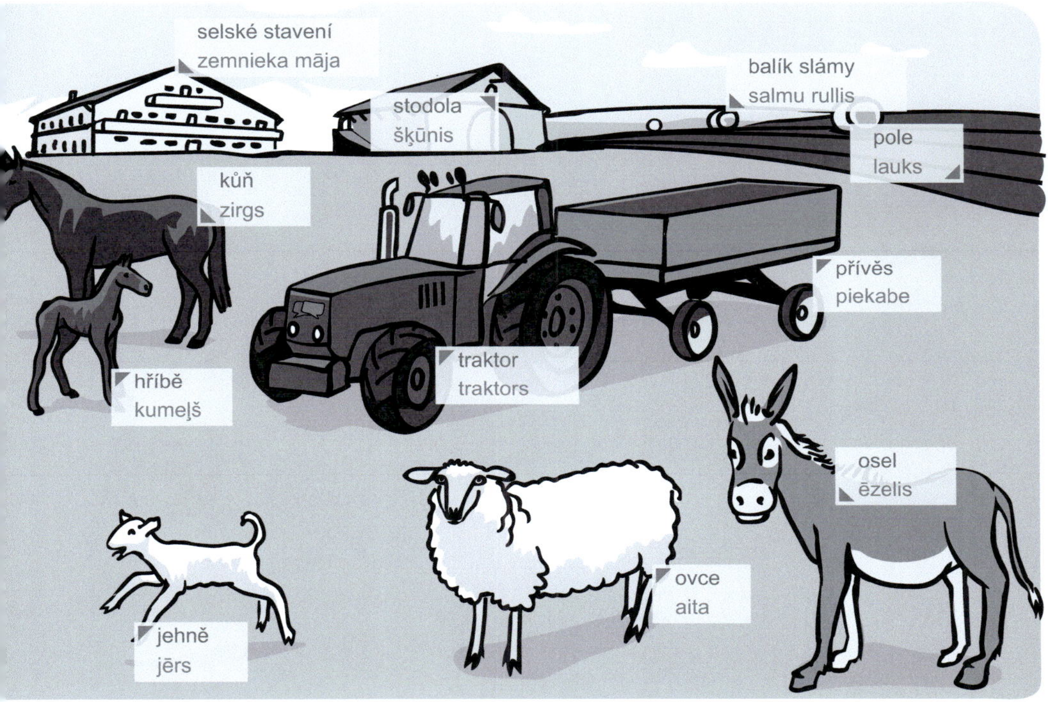
selské stavení
zemnieka māja
stodola
šķūnis
balík slámy
salmu rullis
pole
lauks
kůň
zirgs
přívěs
piekabe
traktor
traktors
hříbě
kumeļš
osel
ēzelis
ovce
aita
jehně
jērs

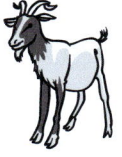

koza
kaza

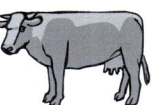

kráva
govs

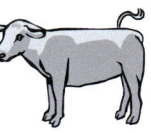

tele
teļš

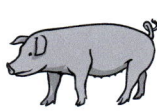

prase
cūka

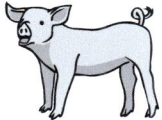

sele
sivēns

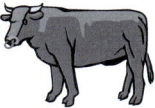

býk
bullis

husa

zoss

kachna

píle

kuře

cālis

slepice

vista

kohout

gailis

krysa

žurka

kočka

kaķis

myš

pele

vůl

vērsis

pes

suns

psí bouda

suņa būda

zahradní hadice

dārza šļūtene

kropicí konev

lejkanna

kosa

izkapts

pluh

arkls

srp

sirpis

motyka

kaplis

vidle

mēslu dakša

sekera

cirvis

kolecko

ķerra

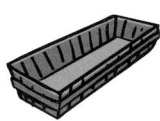

koryto

sile

konev na mléko

piena kanna

pytel

maiss

plot

žogs

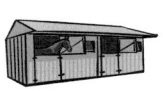

stáj

kūts

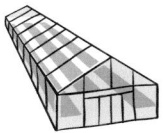

skleník

siltumnīca

půda

augsne

osivo

sēklas

hnojivo

mēslojums

kombajn

kombains

sklidit

novākt ražu

sklizeň

raža

smldinec

jamss

pšenice

kvieši

sója

soja

brambora

kartupelis

kukuřice

kukurūza

řepka

rapsis

ovocný strom

augļu koks

maniok

manioka

obilí

labība

dům
māja

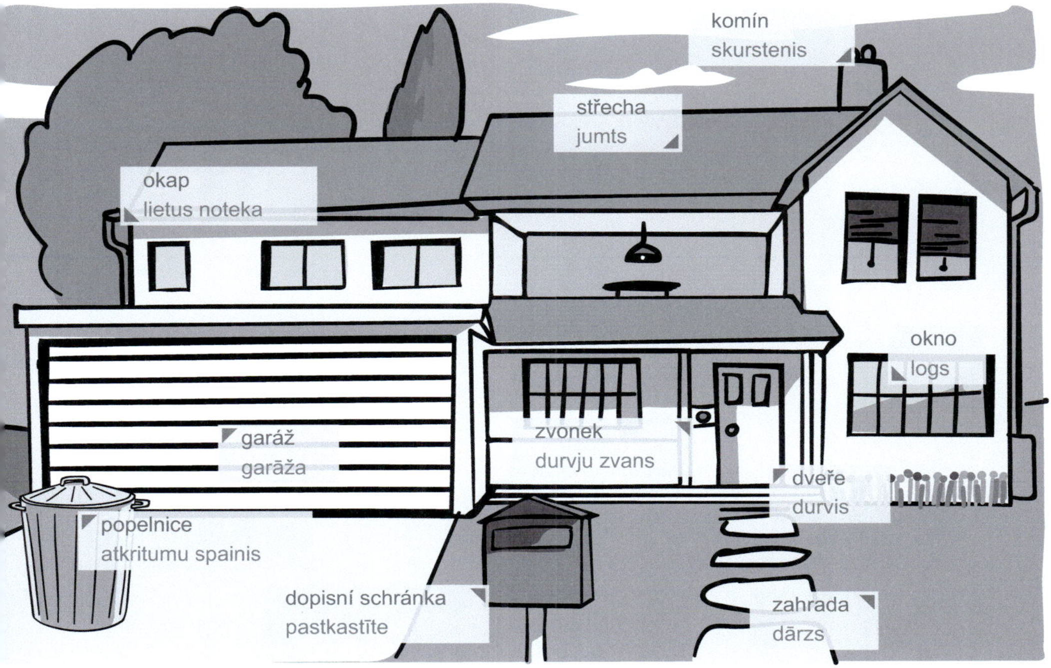

komín
skurstenis
střecha
jumts
okap
lietus noteka
okno
logs
garáž
garāža
zvonek
durvju zvans
dveře
durvis
popelnice
atkritumu spainis
dopisní schránka
pastkastīte
zahrada
dārzs

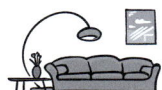

obývací pokoj

viesistaba

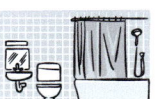

koupelna

vannas istaba

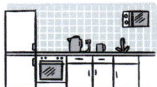

kuchyně

virtuve

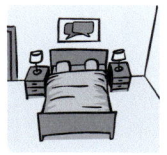

ložnice

guļamistaba

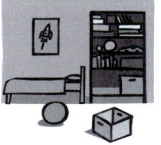

dětský pokoj

bērnu istaba

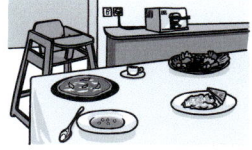

jídelna

ēdamistaba

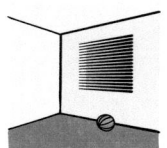

podlaha

grīda

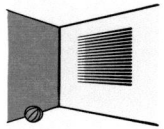

zeď

siena

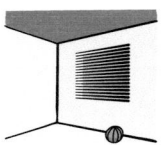

deka

griesti

sklep

pagrabs

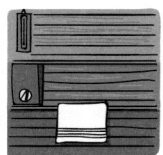

sauna

sauna

balkón

balkons

terasa

terase

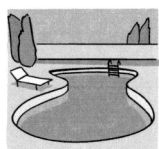

bazén

baseins

sekačka na trávu

zāles pļāvējs

ložní prádlo

gultas veļa

lůžková přikrývka

sega

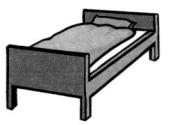

postel

gulta

smeták

slota

kýbl

spainis

vypínač

slēdzis

obývací pokoj
viesistaba

tapeta
tapetes
obrázek
attēls
žárovka
lampa
police
plaukts
skříň
skapis
televizor
televizors
komín
kamīns
květina
puķe
polštář
spilvens
gauč
dīvāns
váza
vāze
dálkový ovladač
tālvadības pults

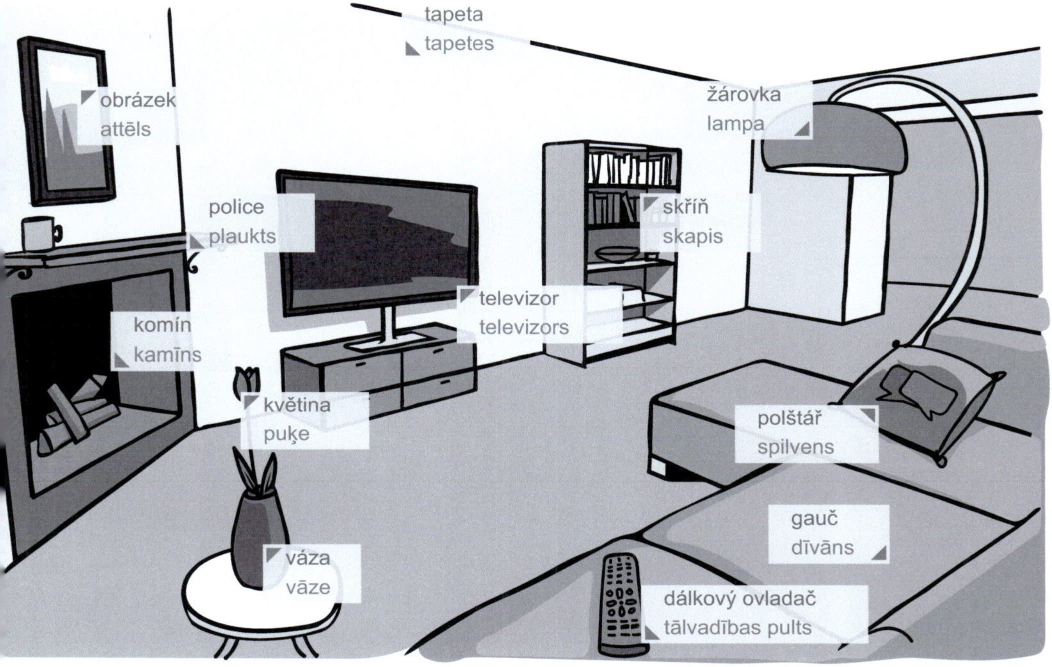

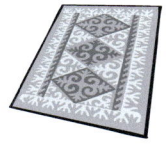

koberec

paklājs

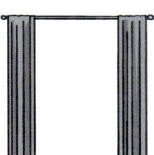

závěs

aizkars

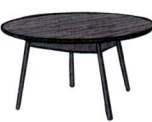

stůl

galds

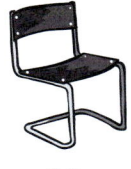

židle

krēsls

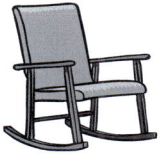

houpací křeslo

šūpuļkrēsls

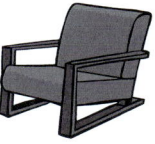

křeslo

atpūtas krēsls

kniha

grāmata

strop

sega

ozdoba

dekorācija

palivové dříví

malka

film

filma

stereo souprava

mūzikas centrs

klíč

atslēga

noviny

avīze

malba

glezna

plakát

plakāts

rádio

radio

poznámkový blok

pierakstu blociņš

vysavač

putekļu sūcējs

kaktus

kaktuss

svíce

svece

kuchyně
virtuve

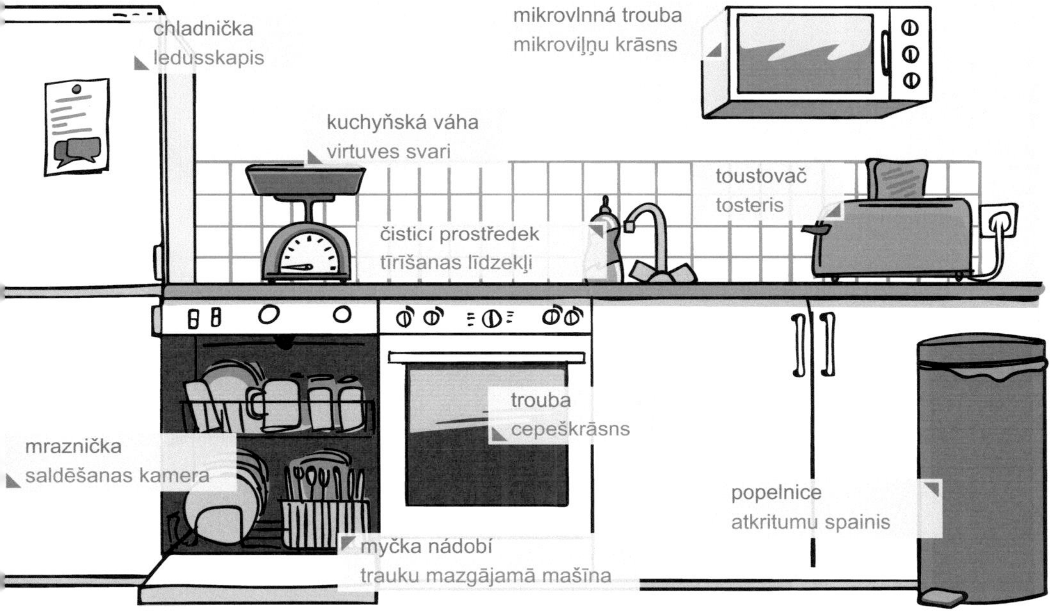
chladnička
ledusskapis
mikrovlnná trouba
mikroviļņu krāsns
kuchyňská váha
virtuves svari
toustovač
tosteris
čisticí prostředek
tīrīšanas līdzekļi
trouba
cepeškrāsns
mraznička
saldēšanas kamera
popelnice
atkritumu spainis
myčka nádobí
trauku mazgājamā mašīna

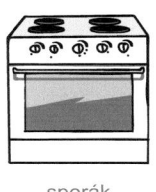

sporák

plīts

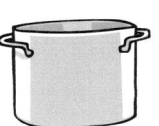

hrnec

pods

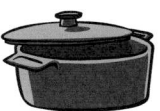

litinový hrnec

katls

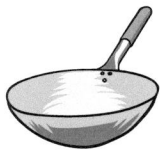

wok / kadai

Wok panna

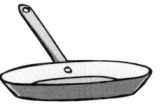

pánev

panna

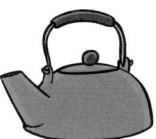

varná konvice

elektriskā tējkanna

parní hrnec

tvaika katls

plech na pečení

cepešpanna

nádobí

trauki

hrnek

krūze

miska

bļoda

jídelní hůlky

irbulīši

naběračka

kauss

obracečka

lāpstiņa

metla

putošanas slotiņa

síto

sietiņš

cedník

siets

struhadlo

rīve

hmoždíř

piesta

gril

grilēt

ohniště

atklāts pavards

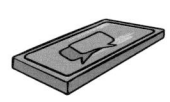

prkénko na krájení
dēlis

váleček na těsto
mīklas rullis

vývrtka
korķu vilķis

dóza
bundža

otvírák na konzervy
konservu nazis

chňapka
virtuves cimdi

umyvadlo
izlietne

kartáč na nádobí
birste

houba
sūklis

mixér
mikseris

mrazák
saldētava

dětská lahev
bērna pudelīte

kohoutek
ūdenskrāns

koupelna
vannas istaba

topení
apkure
ručník
dvielis
sprcha
duša
sprchový závěs
dušas aizkari
pěnová koupel
vannas putas
vana
vanna
sklenička
glāze
pračka
veļas mašīna
kohoutek
ūdenskrāns
obkladačky
flīzes
nočník
podiņš
umyvadlo
izlietne

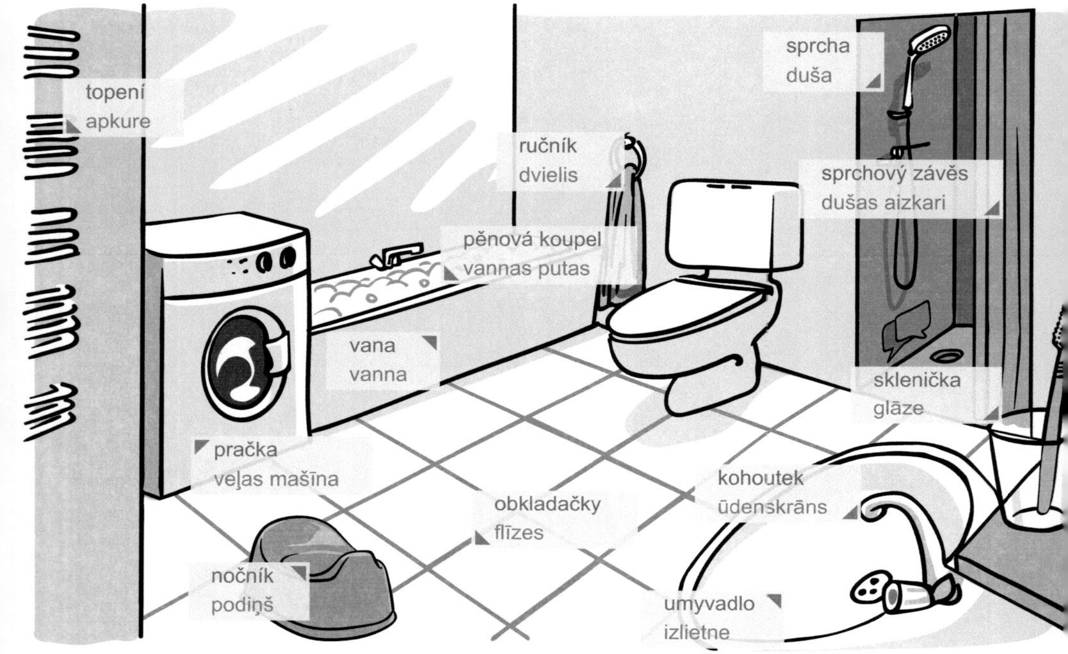

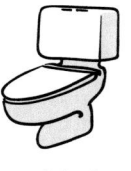

záchod

tualetes pods

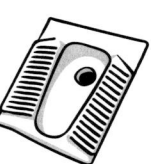

turecký záchod

Āzijas tipa tualete

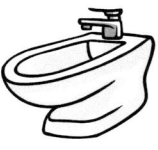

bidet

bidē

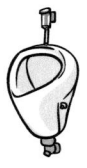

pisoár

pisuārs

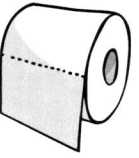

toaletní papír

tualetes papīs

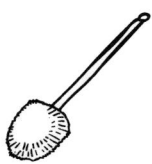

záchodová štětka

tualetes birste

zubní kartáček

zobu birste

zubní pasta

zobu pasta

zubní niť

zobu diegs

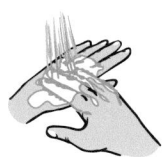

mýt

mazgāt

ruční sprcha

rokas duša

intimní sprcha

duša

umyvadlo

bļoda

kartáč na záda

muguras mazgāšanas birste

mýdlo

ziepes

sprchový gel

dušas želeja

šampón

šampūns

žínka

mazgāšanas drāna

odpad

noteka

krém

krēms

deodorant

dezodorants

zrcadlo

spogulis

kosmetické zrcátko

spogulītis

holicí strojek

skuveklis

pěna na holení

skūšanās putas

voda po holení

losjons pēc skūšanās

hřeben

ķemme

kartáč

matu suka

fén

matu fēns

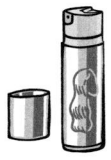

lak na vlasy

matu laka

makeup

grima komplekts

rtěnka

lūpu krāsa

lak na nehty

nagulaka

vata

vate

nůžky na nehty

šķērītes

parfém

smaržas

ška s toaletními potřebami

kosmētikas maks

stolička

ķeblītis

váha

svari

župan

halāts

gumové rukavice

tīrīšanas cimdi

tampón

tampons

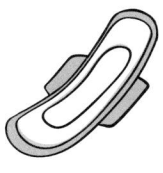

dámská vložka

pakete

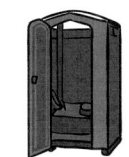

chemická toaleta

ķīmiskā tualete

dětský pokoj
bērnu istaba

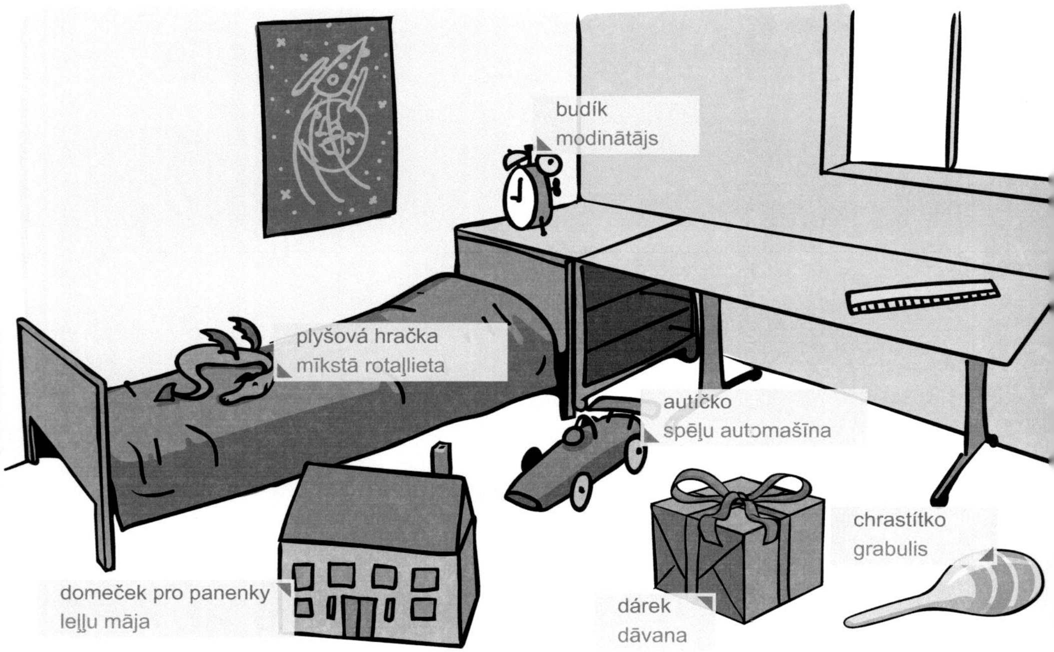
budík
modinātājs
plyšová hračka
mīkstā rotaļlieta
autíčko
spēļu automašīna
chrastítko
grabulis
domeček pro panenky
leļļu māja
dárek
dāvana

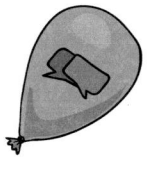

balón

balons

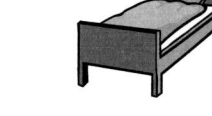

postel

gulta

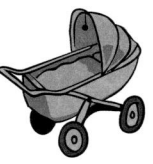

kočárek

bērnu ratiņi

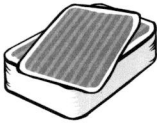

balíček karet

kārtis

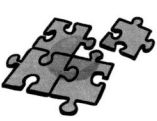

puzzle

puzle

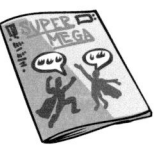

komiks

komikss

lego kostky

LEGO klucīši

stavebnice

klucīši

akční figurka

varoņu figūra

dupačky

rāpulītis

frisbee

lidojošais šķīvītis

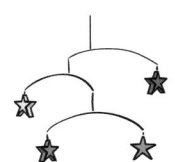

závěsné hračky nad postýlku

muzikālais karuselis

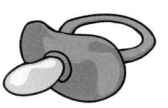

desková hra

galda spēle

kostky

metamais kauliņš

modelová železnice

rotaļu dzelzceļš

dudlík

māneklis

oslava

ballīte

obrázková kniha

bilžu grāmata

míč

bumba

panenka

lelle

hrát si

spēlēt

pískoviště

smilšu kaste

houpačka

šūpoles

hračky

rotaļlietas

hrací konzole

spēļu konsole

tříkolka

trīsritenis

medvídek

plīša lācītis

šatník

drēbju skapis

oblečení
apģērbs

ponožky

īszeķes

punčochy

zeķes

punčochové kalhoty

zeķbikses

šála
šalle

deštník
lietussargs

tričko
T-krekls

pásek
siksna

kozačky
zábaks

domácí obuv
čības

tenisky
botas

sandály
sandales

obuv
kurpes

holínky
gumijas zābaki

spodní prádlo
apakšbikses

podprsenka
krūšturis

nátělník
apakškrekls

oblečení - apģērbs   45

body
bodijs

kalhoty
bikses

džíny
džinsi

sukně
svārki

blůza
blūze

košile
krekls

svetr
pulovers

mikina
džemperis

blejzr
žakete

bunda
jaka

kabát
mētelis

pláštěnka
lietus mētelis

kostým
kostīms

šaty
kleita

svatební šaty
kāzu kleita

oblek

uzvalks

noční košile

naktskrekls

pyžamo

pidžama

sárí

sari

šátek na hlavu

lakats

turban

turbāns

burka

burka

kaftan

kaftāns

abája

abaja

plavky

peldkostīms

pánské plavky

peldbikses

kraťasy

šorti

tepláková souprava

treniņtērps

zástěra

priekšauts

rukavice

cimdi

knoflík

poga

brýle

brilles

náramek

rokassprādze

náhrdelník

kaklarota

prsten

gredzens

náušnice

auskars

čepice

cepure

ramínko

drēbju pakaramais

klobouk

platmale

kravata

kaklasaite

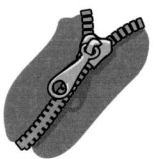

zip

rāvējslēdzējs

helma

ķivere

kšandy

bikšturi

školní uniforma

skolas forma

uniforma

uniforma

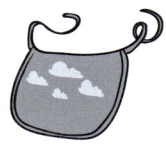

bryndák

priekšautiņš

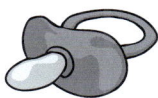

dudlík

māneklis

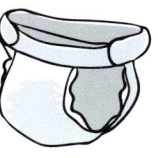

plena

autiņbiksītes

kancelář

birojs

server
serveris
kartotéka
dokumentu skapis
tiskárna
printeris
papír
papīrs
monitor
monitors
myš
pele
psací stůl
rakstāmgalds
šanon
dokumentu vāki
klávesnice
klaviatūra
odpadkový koš na papír
papīrgrozs
počítač
dators
židle
krēsls

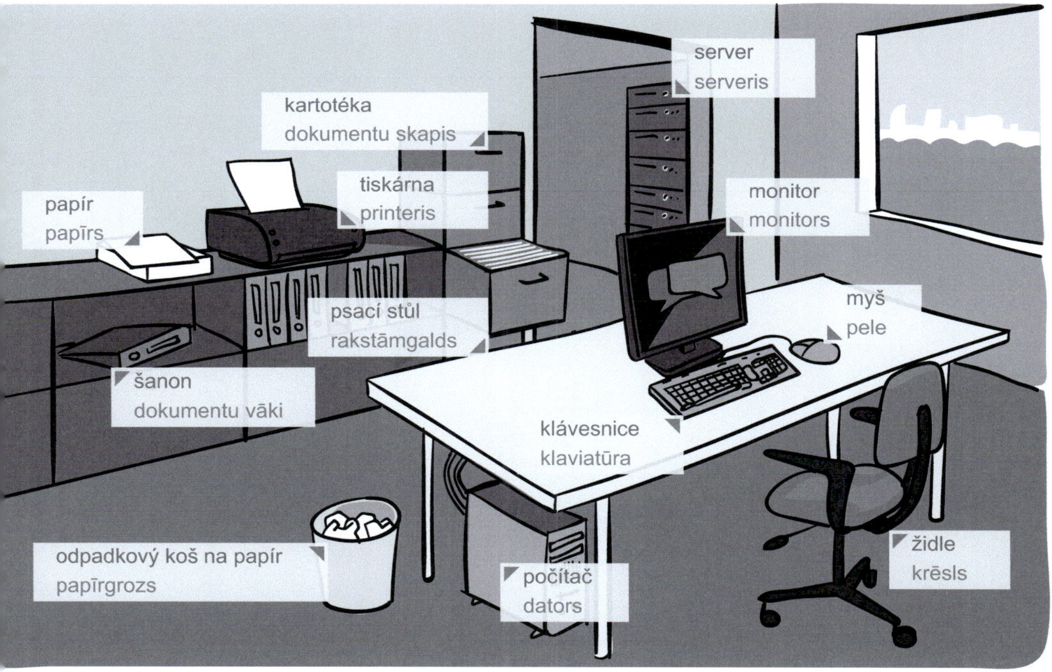

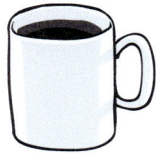

hrnek na kávu

kafijas krūze

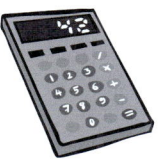

kalkulačka

kalkulators

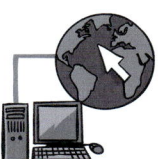

internet

internets

notebook

portatīvais dators

dopis

vēstule

zpráva

ziņa

mobil

mobilais tālrunis

síť

tīkls

kopírka

kopētājs

software

programmatūra

telefon

telefons

zásuvka

rozete

fax

faksa aparāts

formulář

formulārs

dokument

dokuments

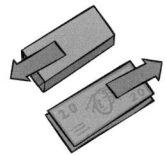

nakupovat

pirkt

zaplatit

samaksāt

jednat

tirgot

peníze

nauda

USD

dolar

dolārs

EUR

euro

eiro

JPY

jen

jēna

RUB

rubl

rublis

CHF

frank

franks

CNY

juan

juaņa renminbi

INR

rupie

rūpija

bankomat

bankomāts

směnárna

valūtas maiņas punkts

zlato

zelts

stříbro

sudrabs

olej

nafta

energie

enerģija

cena

cena

smlouva

līgums

daň

nodoklis

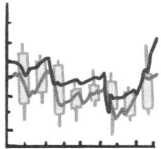

akcie

akcija

pracovat

strādāt

zaměstnanec

darbinieks

zaměstnavatel

darba devējs

továrna

fabrika

obchod

veikals

povolání
profesijas

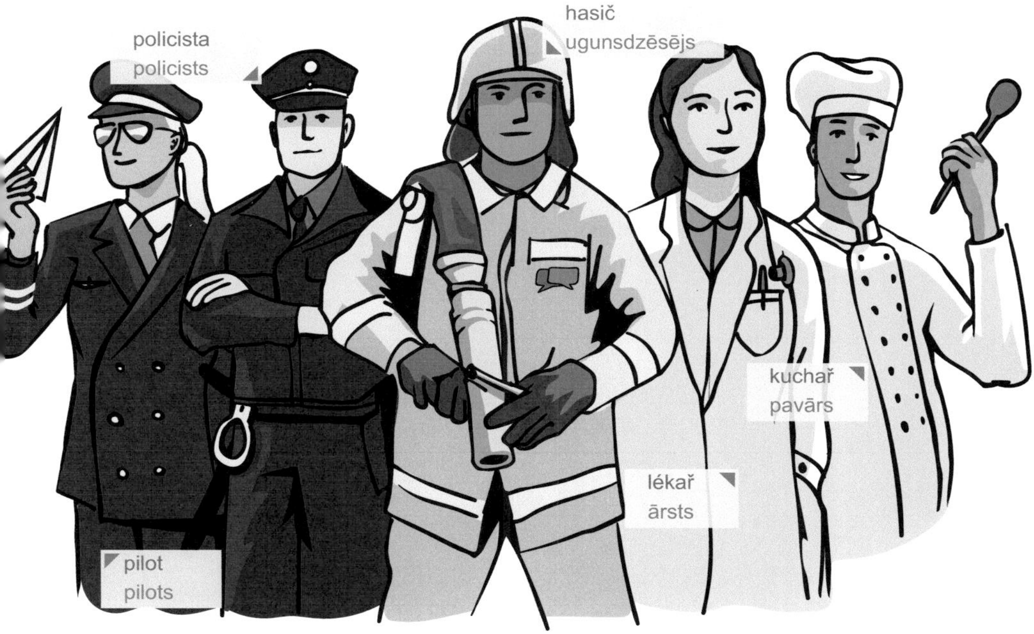

hasič
ugunsdzēsējs
policista
policists
kuchař
pavārs
lékař
ārsts
pilot
pilots

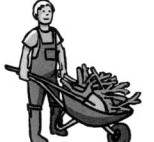

zahradník

dārznieks

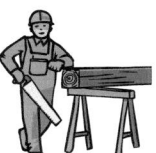

truhlář

galdnieks

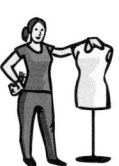

švadlena

šuvēja

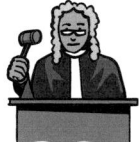

soudce

tiesnesis

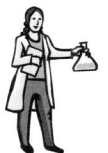

chemik

ķīmiķis

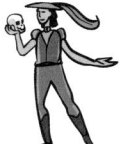

herec

aktieris

řidič autobusu

autobusa vadītājs

řidič taxi

taksometra vadītājs

rybář

zvejnieks

uklízečka

apkopēja

pokrývač

jumiķis

číšník

viesmīlis

myslivec

mednieks

malíř

gleznotājs

pekař

maiznieks

elektrikář

elektriķis

stavební dělník

celtnieks

inženýr

inženieris

řezník

miesnieks

klempíř

skārdnieks

listonoš

pastnieks

voják
karavīrs

architekt
arhitekts

pokladní
kasieris

florista
florists

kadeřník
frizieris

průvodčí
konduktors

mechanik
mehāniķis

kapitán
kapteinis

zubař
zobārsts

vědec
zinātnieks

rabín
rabīns

imám
imāms

mnich
mūks

duchovní
mācītājs

nářadí
instrumenti

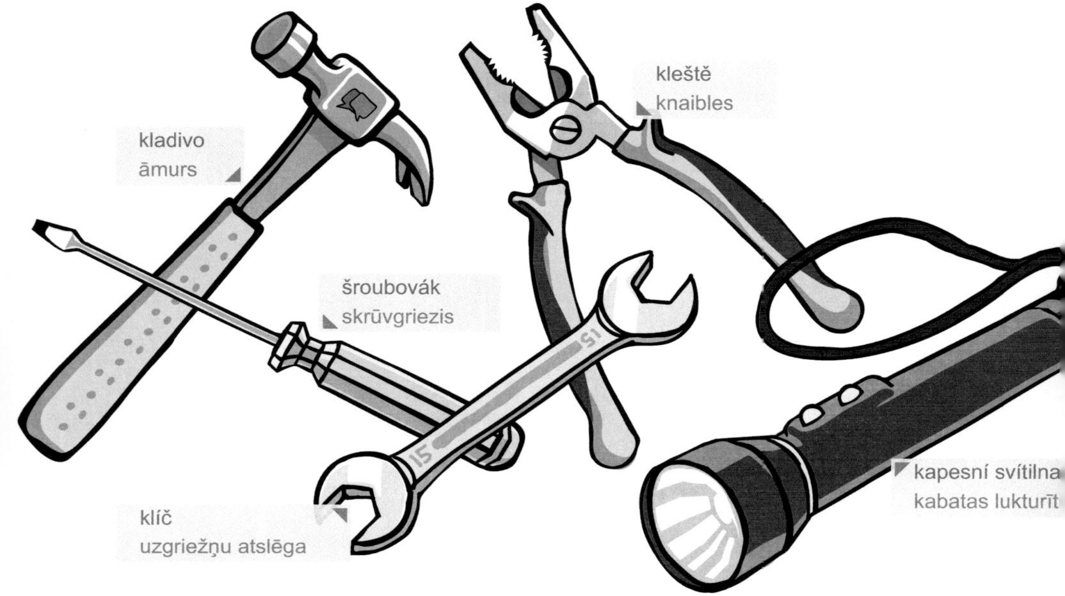
kladivo
āmurs
kleště
knaibles
šroubovák
skrūvgriezis
klíč
uzgriežņu atslēga
kapesní svítilna
kabatas lukturīt

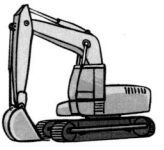

bagr

ekskavators

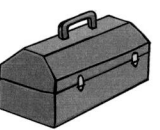

skříň na nářadí

instrumentu kaste

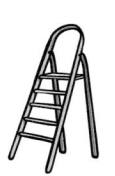

žebřík

kāpnes

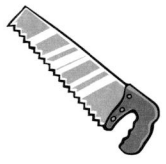

pila

zāģis

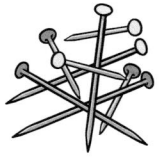

hřebíky

naglas

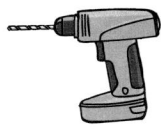

vrtačka

urbis

opravit

remontēt

lopata

lāpsta

Kurva!

Velns!

lopatka

liekšķere

vědroé na barvu

krāsas bundža

šrouby

skrūves

hudební nástroje
mūzikas instrumenti

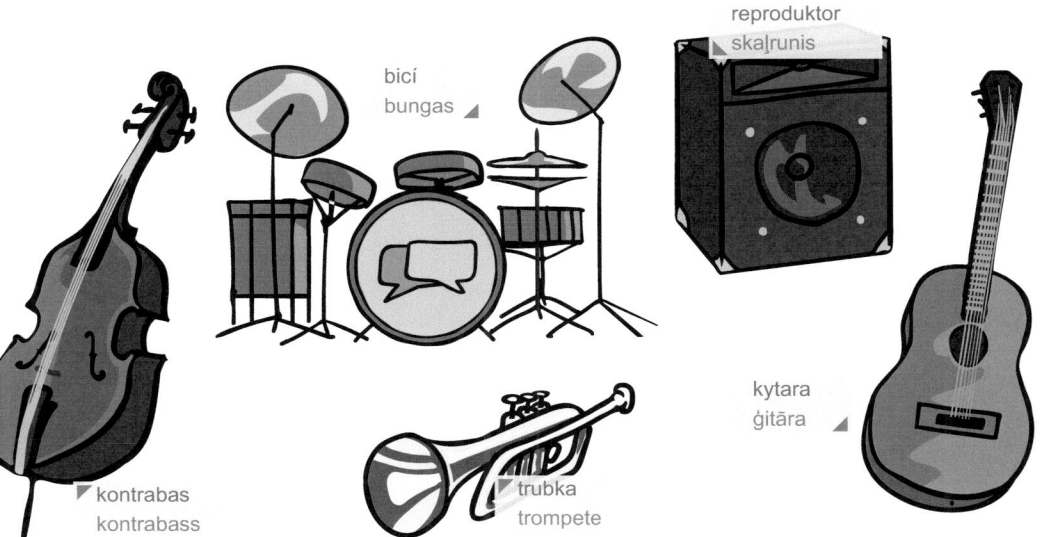

reproduktor
skaļrunis

bicí
bungas

kontrabas
kontrabass

trubka
trompete

kytara
ģitāra

klavír

klavieres

housle

vijole

basa

bass

tympán

timpāni

bubny

bungas

keyboard

digitālās klavieres

saxofon

saksofons

flétna

flauta

mikrofon

mikrofons

zooloģiskais dārzs

vstup
ieeja

tygr
tīģeris

klec
būris

zebra
zebra

krmivo pro zvířata
dzīvnieku barība

panda
panda

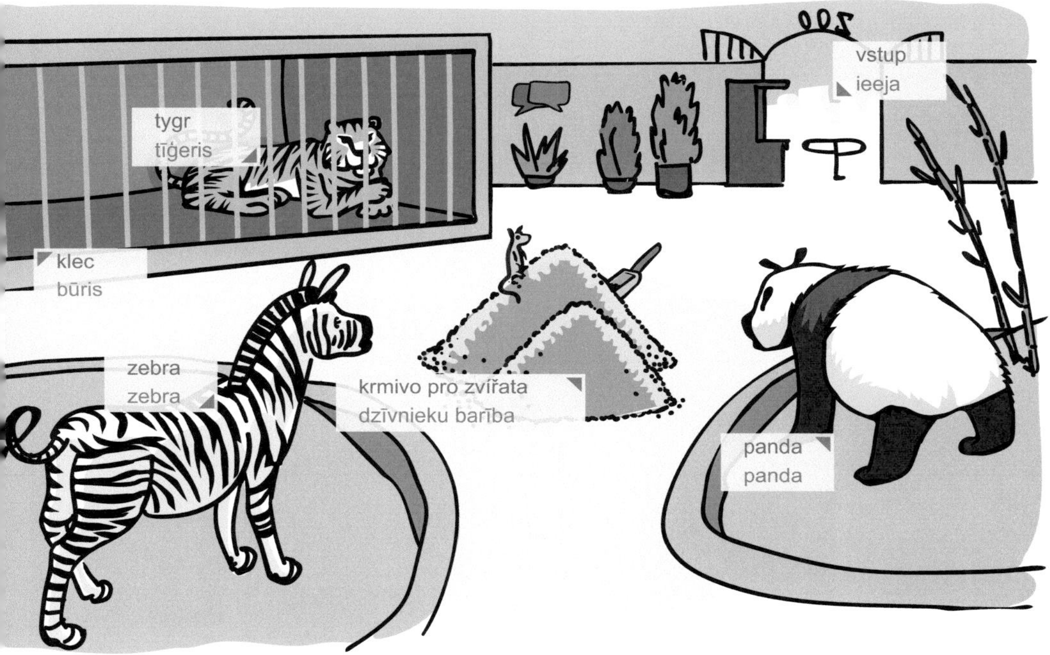

zvířata

dzīvnieki

slon

zilonis

klokan

ķengurs

nosorožec

degunradzis

gorila

gorilla

medvěd

lācis

velbloud

kamielis

pštros

strauss

lev

lauva

opice

pērtiķis

plameňák

flamings

papoušek

papagailis

lední medvěd

polārlācis

tučňák

pingvīns

žralok

haizivs

páv

pāvs

had

čūska

krokodýl

krokodils

ošetřovatel zvířat

zoodārza sargs

tuleň

ronis

jaguár

jaguārs

poník

ponijs

leopard

leopards

hroch

nīlzirgs

žirafa

žirafe

orel

ērglis

divoké prase

meža cūka

ryby

zivs

želva

bruņurupucis

mrož

valzirgs

liška

lapsa

gazela

gazele

americký fotbal
amerikāņu futbols

cyklistika
riteņbraukšana

tenis
teniss

košíková
basketbols

plavání
peldēšana

box
bokss

lední hokej
hokejs

kopaná
futbols

badminton
badmintons

lehká atletika
vieglatlētika

házená
rokas bumba

běh na lyžích
slēpošana

vodní pólo
polo

skočit
lēkt

smát se
smieties

objímat
apskaut

zpívat
dziedāt

jít
iet

modlit se
lūgt

políbit
skūpstīt

snít
sapņot

psát	kreslit	ukazovat
rakstīt	zīmēt	rādīt

tlačit	dát	vzít si
spiest	dot	ņemt

mít
būt

dělat
darīt

být
būt

stát
stāvēt

běhat
skriet

táhnout
vilkt

hodit
mest

padat
krist

ležet
gulēt

čekat
gaidīt

nosit
nest

sedět
sēdēt

oblékat
uzģērbt

spát
gulēt

vzbudit se
pamosties

prohlédnout si

skatīties

plakat

raudāt

pohladit

glāstīt

česat

ķemmēt

hovořit

runāt

rozumět

saprast

ptát se

jautāt

slyšet

dzirdēt

pít

dzert

jíst

ēst

uklidit

sakārtot

milovat

mīlēt

vařit

vārīt

jet

braukt

letět

lidot

aktivity - darbības

plachtit

burot

počítat

rēķināt

číst

lasīt

učit se

mācīties

pracovat

strādāt

vzít si

precēties

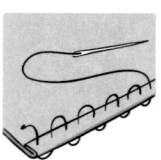

šít

šūt

čistit si zuby

tīrīt zobus

zabít

nogalināt

kouřit

smēķēt

poslat

sūtīt

rodina
ģimene

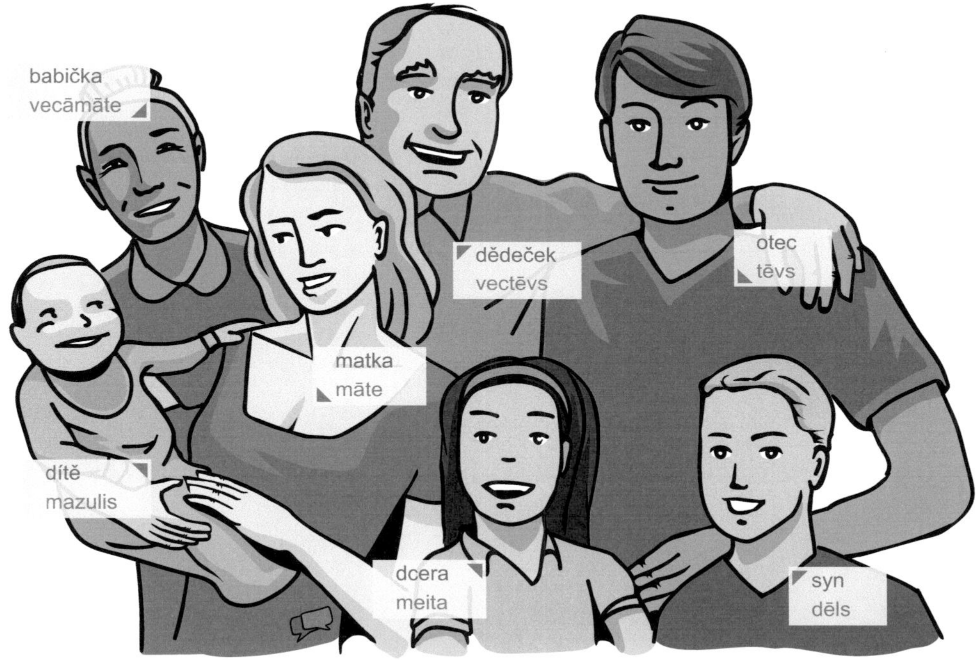
babička
vecāmāte
dědeček
vectēvs
otec
tēvs
matka
māte
dítě
mazulis
dcera
meita
syn
dēls

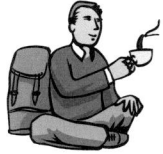

host

viesis

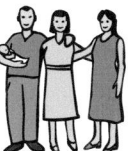

teta

tante

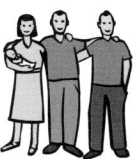

strýc

onkulis

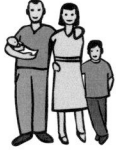

bratr

brālis

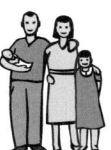

sestra

māsa

tělo
ķermenis

čelo
piere
oko
acs
rameno
plecs
prst
pirksts
obličej
seja
brada
zods
ruka
roka
dolní končetina
kāja
hruď
krūtis
paže
roka

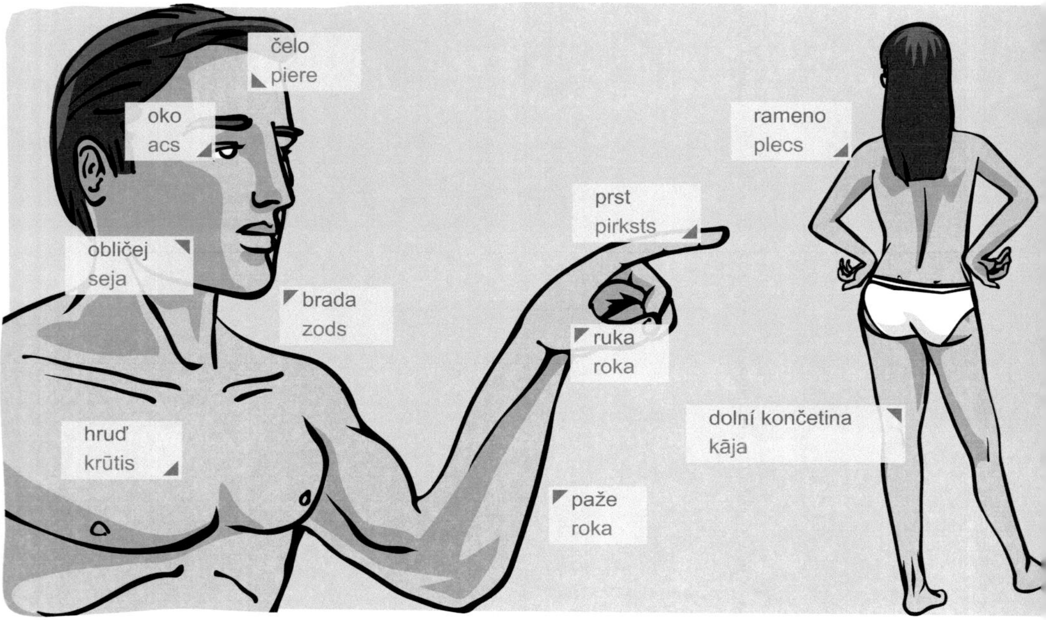

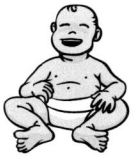

dítě

mazulis

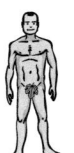

muž

vīrietis

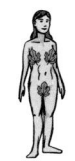

žena

sieviete

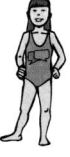

dívka

meitene

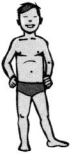

chlapec

zēns

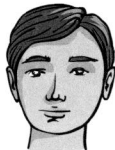

hlava

galva

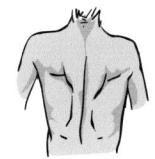

záda
mugura

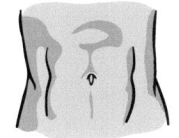

břicho
vēders

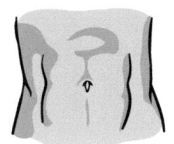

pupík
naba

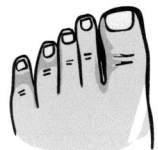

prst na noze
kājas pirksts

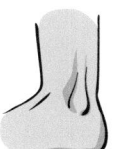

pata
papēdis

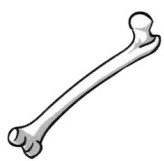

kost
kauls

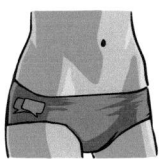

bok
gurns

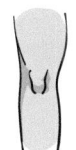

koleno
celis

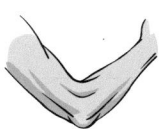

loket
elkonis

nos
deguns

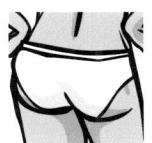

zadek
dibens

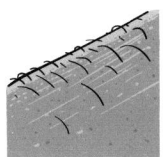

kůže
āda

tvář
vaigs

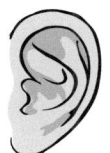

ucho
auss

ret
lūpa

ústa

mute

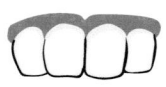

zub

zobs

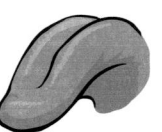

jazyk

mēle

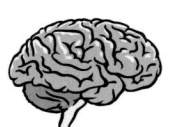

mozek

smadzenes

srdce

sirds

sval

muskulis

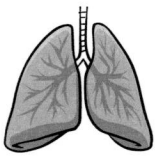

plíce

plaušas

játra

aknas

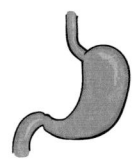

žaludek

kuņģis

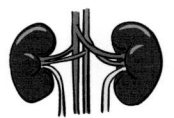

ledviny

nieres

pohlavní styk

dzimumakts

kondom

kondoms

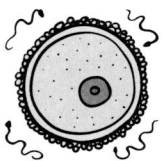

vajíčko

olšūna

sperma

sperma

těhotenství

grūtniecība

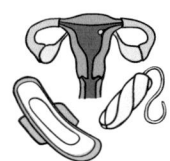

menstruace

menstruācijas

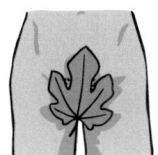

vagina

vagīna

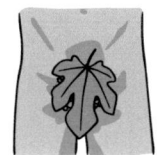

penis

penis

obočí

uzacs

vlasy

mati

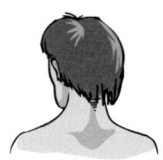

krk

kakls

nemocnice
slimnīca

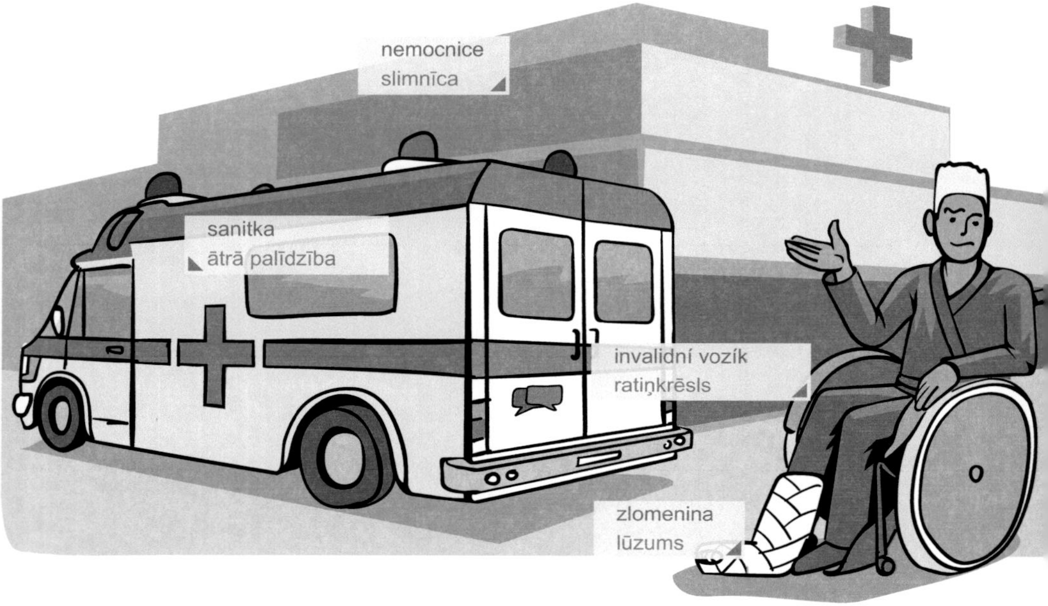

nemocnice
slimnīca
sanitka
ātrā palīdzība
invalidní vozík
ratiņkrēsls
zlomenina
lūzums

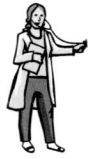

lékař
ārsts

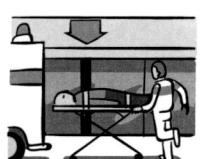

pohotovost
neatliekamās palīdzības nodaļa

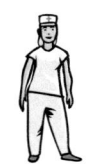

zdravotní sestra
medmāsa

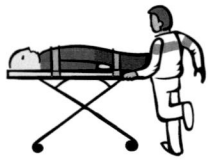

urgentní případ
ārkārtas gadījums

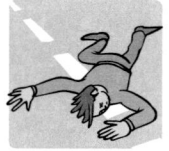

v bezvědomí
paģībis

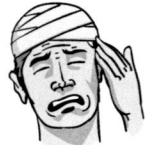

bolest
sāpes

úraz

ievainojums

krvácení

asiņošana

infarkt myokardu

sirdslēkme

cévní mozková příhoda

insults

alergie

alerģija

kašel

klepus

horečka

temperatūra

chřipka

gripa

průjem

caureja

bolest hlavy

galvassāpes

rakovina

vēzis

cukrovka

diabēts

chirurg

ķirurgs

skalpel

skalpelis

operace

operācija

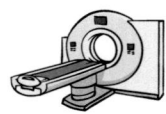

CT

datortomogrāfija

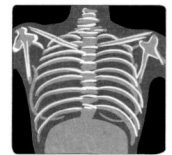

rentgen

rentgents

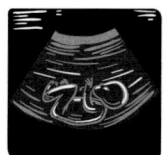

ultrazvuk

ultraskaņa

maska

sejas maska

nemoc

slimība

čekárna

uzgaidāmā telpa

berle

kruķis

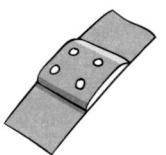

náplast

plāksteris

obvaz

apsējs

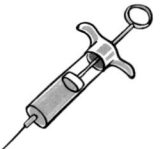

injekce

injekcija

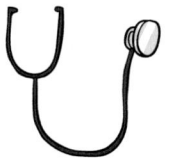

stetoskop

stetoskops

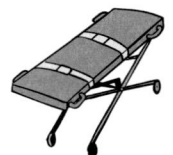

nosítka

nestuves

teploměr

termometrs

porod

dzemdības

nadváha

liekais svars

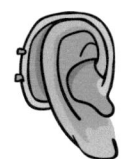

naslouchátko

dzirdes aparāts

dezinfekční prostředek

dezinfekcijas līdzeklis

infekce

infekcija

virus

vīruss

HIV / AIDS

HIV / AIDS

lékařství

zāles

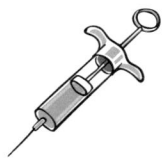

očkování

pote

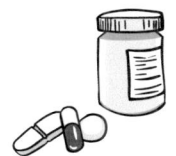

tablety

tabletes

pilulka

pretapaugļošanās tablete

tísňové volání

ārkārtas izsaukums

tonometr

asinsspiediena mērītājs

nemocný / zdravý

slims / vesels

Pomoc!

Palīgā!

poplach

trauksme

přepadení

uzbrukums

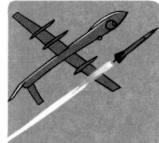

napadení

uzbrukums

nebezpečí

bīstamība

nouzový východ

avārijas izeja

Hoří!

Uguns!

hasicí přístroj

ugunsdzēšamais aparāts

nehoda

negadījums

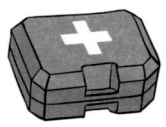

zdravotnická brašna

pirmās palīdzības aptieciņa

SOS

SOS

policie

policija

Evropa

Eiropa

Severní Amerika

Ziemeļamerika

Jižní Amerika

Dienvidamerika

Afrika

Āfrika

Asie

Āzija

Austrálie

Austrālija

Atlantik

Atlantijas okeāns

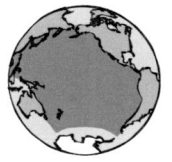

Pacifik

Klusais okeāns

Indický oceán

Indijas okeāns

Jižní ledový oceán

Dienvidu okeāns

Severní ledový oceán

Ziemeļu ledus okeāns

severní pól

Ziemeļpols

jižní pól
Dienvidpols

Antarktida
Antarktika

země
zeme

pevnina
zeme

moře
jūra

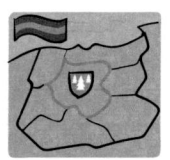

ostrov
sala

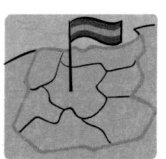

národ
nācija

stát
valsts

ciferník

ciparnīca

hodinová ručička

stundu rādītājs

minutová ručička

minūšu rādītājs

vteřinová ručička

sekunžu rādītājs

Kolik je hodin?

Cik ir pulkstenis?

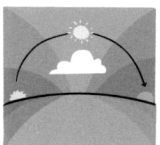

den

diena

čas

laiks

teď

tagad

digitální hodinky

digitālais pulkstenis

minuta

minūte

hodina

stunda

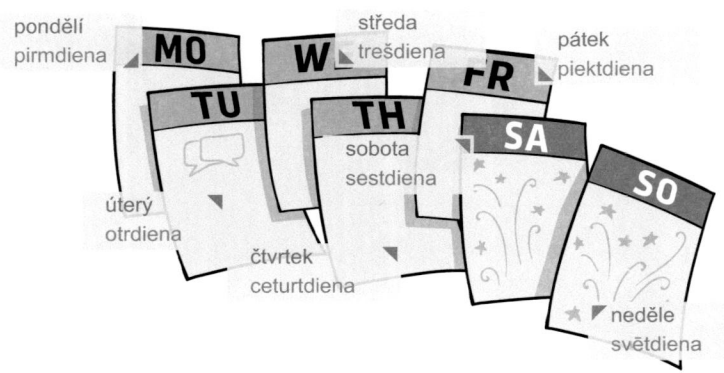

pondělí
pirmdiena

středa
trešdiena

pátek
piektdiena

úterý
otrdiena

čtvrtek
ceturtdiena

sobota
sestdiena

neděle
svētdiena

včera

vakardien

dnes

šodien

zítra

rītdien

ráno

rīts

poledne

pusdienlaiks

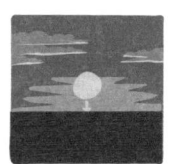

večer

vakars

MO TU WE TH FR SA SU

pracovní dny

darbadienas

MO TU WE TH FR SA SU

víkend

brīvdienas

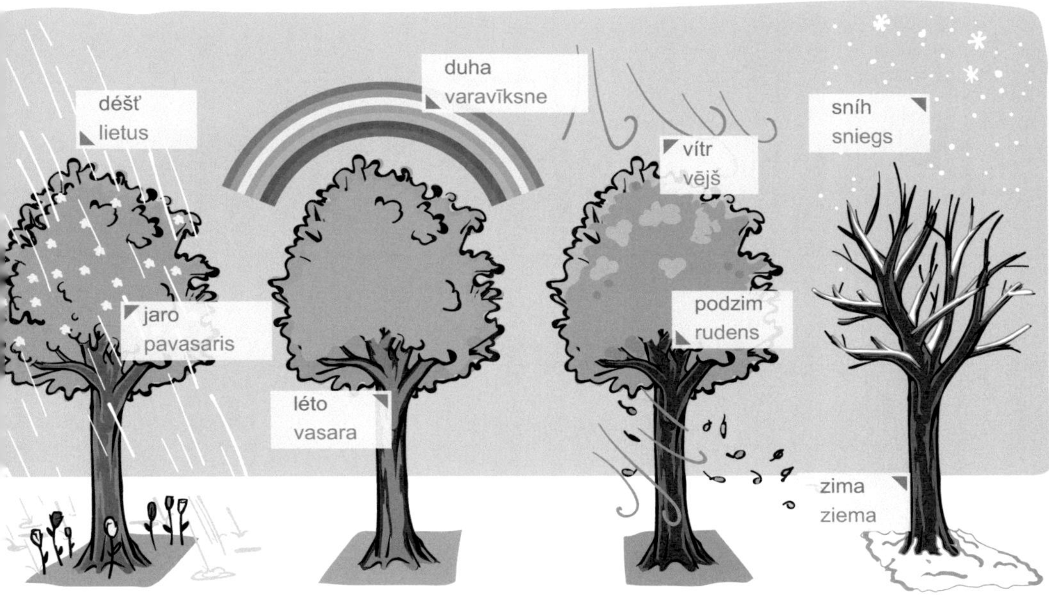

duha
varavīksne

déšť
lietus

sníh
sniegs

vítr
vējš

jaro
pavasaris

podzim
rudens

léto
vasara

zima
ziema

4.APRIL	11°	
5.APRIL	4°	
6.APRIL	13°	
7.APRIL	8°	
8.APRIL	10°	

předpověď počasí

laika prognoze

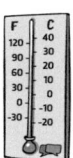

teploměr

termometrs

slunečni svit

saules gaisma

mrak

mākonis

mlha

migla

vlhkost

gaisa mitrums

blesk

zibens

hrom

pērkons

bouřka

vētra

kroupy

krusa

monzun

musons

povodeň

plūdi

led

ledus

leden

janvāris

únor

februāris

březen

marts

duben

aprīlis

květen

maijs

červen

jūnijs

červenec

jūlijs

srpen

augusts

září
....
septembris

říjen
....
oktobris

listopad
....
novembris

prosinec
....
decembris

kruh
....
aplis

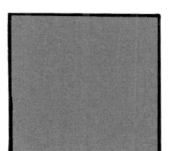

čtverec
....
kvadrāts

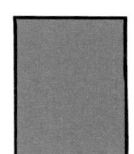

obdélník
....
četrstūris

trojúhelník
....
trīsstūris

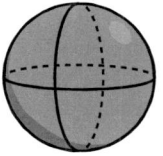

koule
....
lode

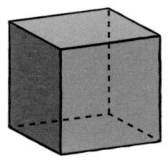

krychle
....
kubs

bílá

balts

žlutá

dzeltens

oranžová

oranžs

růžová

sārts

červená

sarkans

fialová

lillā

modrá

zils

zelená

zaļš

hnědá

brūns

šedá

pelēks

černá

melns

hodně / málo

daudz / maz

rozzuřený / mírumilovný

saniknots / miermīlīgs

krásný / ošklivý

skaists / neglīts

začátek / konec

sākums / beigas

velký / malý

liels / mazs

světlý / tmavý

gaišs / tumšs

bratr / sestra

brālis / māsa

čistý / špinavý

tīrs / netīrs

úplný / neúplný

pilnīgs / nepilnīgs

den / noc

diena / nakts

mrtvý / živý

miris / dzīvs

široký / úzký

plats / šaurs

jedlý / nejedlý

baudāms / nebaudāms

zlý / hodný

nikns / laipns

vzrušený / znuděný

satraukts / garlaikots

tlustý / hubený

resns / tievs

nejdříve / naposledy

pirmais /pēdējais

přítel / nepřítel

draugs / ienaidnieks

plný / prázdný

pilns / tukšs

tvrdý / měkký

ciets / mīksts

těžký / lehký

smags / viegls

hlad / žízeň

izsalkums / slāpes

nemocný / zdravý

slims / vesels

ilegální / legální

nelegāls / legāls

inteligentní / hloupý

inteliģents / dumjš

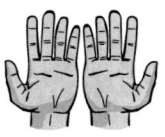

vlevo / vpravo

kreisais / labais

blízko / daleko

tuvu / tālu

nový / použitý

jauns / lietots

nic / něco

nekas / kaut kas

starý / mladý

vecs / jauns

zapnutý / vypnutý

ieslēgts / izslēgts

otevřeno / zavřeno

atvērts / slēgts

tichý / hlasitý

kluss / skaļš

bohatý / chudý

bagāts / nabags

správný / špatný

pareizi / nepareizi

drsný / hladký

raupjš / gluds

smutný / šťastný

noskumis / laimīgs

krátký / dlouhý

īss / garš

pomalý / rychlý

lēns / ātrs

vlhký / suchý

slapjš / sauss

teplý / chladný

silts / vēss

válka / mír

karš / miers

0

nula

nulle

1

jedna

viens

2

dva

divi

3

tři

trīs

4

čtyři

četri

5

pět

pieci

6

šest

seši

7

sedm

septiņi

8

osm

astoņi

9

devět

deviņi

10

deset

desmit

11

jedenáct

vienpadsmit

12

dvanáct

divpadsmit

13

třináct

trīspadsmit

14

čtrnáct

četrpadsmit

15

patnáct

piecpadsmit

16

šestnáct

sešpadsmit

17

sedmnáct

septiņpadsmit

18

osmnáct

astoņpadsmit

19

devatenáct

deviņpadsmit

20

dvacet

divdesmit

100

sto

simts

1.000

tisíc

tūkstotis

1.000.000

milion

miljons

angličtina

angļu

americká angličtina

amerikāņu angļu

standardní čínština

ķīniešu mandarīnu valoda

hindština

hindi

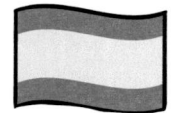

španělština

spāņu

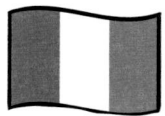

francouzština

franču

arabština

arābu

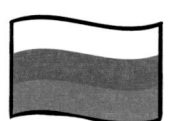

ruština

krievu

portugalština

portugāļu

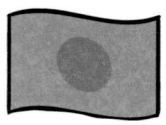

bengálština

bengāļu

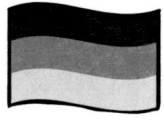

němčina

vācu

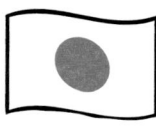

japonština

japāņu

já

es

ty

tu

♂ ♀ ○

on / ona / ono

viņš / viņa

my

mēs

vy

jūs

oni

viņi / viņas

Kdo?

kas?

Co?

ko?

Jak?

kā?

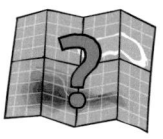

Kde?

kur?

Kdy?

kad?

jméno

vārds

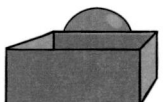

za
....
aiz

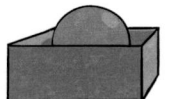

do
....
iekšā

z
....
priekšā

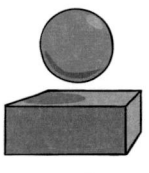

nad
....
virs

na
....
uz

mezi
....
zem

vedle
....
blakus

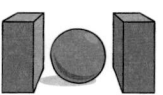

mezi
....
starp

místo
....
vieta